はじめに

　みなさんは、毎日どんな給食を食べていますか？　日本の学校では、みんなで楽しく、おいしい給食を食べることができますね。世界には、給食がないため家に帰ってごはんを食べる国や、クラスの全員が給食を食べない国もあります。日本の給食制度はすばらしいと、ほかの国のモデルになることもあります。

　世界には、地球温暖化や大雨、洪水などの異常気象の問題があります。食べ物が足りず、飢餓や栄養不足に苦しんでいる人たちもいます。SDGs とは、「Sustainable Development Goals（持続可能な開発目標）」を略した言葉です。国際連合に加盟する 193 の国々が、2030 年までにやりとげることをかかげた、世界共通の 17 の目標（ゴール）です。世界中のすべての人がゆたかで平和にくらし続けられる社会にするためにつくられました。

　この本は、みなさんにとって身近な学校の給食から、SDGs を考えるシリーズです。4巻「給食で守ろう！ みんなの未来」では、給食から世界の食料のことを考えます。日本の学校給食で使われる食材はどこから来るのかや、世界の学校給食はどんなものか、世界の食料問題や食品ロスをへらすための取り組みなどを、データで紹介しています。

女子栄養大学 栄養学部 准教授
中西 明美

いちばん身近なSDGs

たのしい給食！

給食で守ろう！ みんなの未来

4

給食の食材、
どこから
来たのかな？

監修
女子栄養大学 栄養学部 准教授
中西 明美

小峰書店

給食は世界とつながっている！

みんなが、学校で毎日食べている給食。その材料（ざいりょう）として使われている肉や魚、野菜（やさい）は、どこで生産（せいさん）されたものでしょうか？　給食に使われている、食材（しょくざい）の産地（さんち）を調べてみましょう。

ある日の給食の献立（こんだて）

フィッシュサンドの衣（ころも）やパンは小麦粉（こむぎこ）からつくられるね。たくさんの食材（しょくざい）が使われているんだなぁ。

パイナップル

牛乳（ぎゅうにゅう）

MILK

牛乳

どこから来た食材（しょくざい）？

フィッシュサンド

材料（ざいりょう）は…
・タラ
・小麦粉（こむぎこ）、卵（たまご）、パン粉（こ）（衣（ころも））
・油　　・パン　　など

アーモンドサラダ

材料（ざいりょう）は…
・キャベツ
・きゅうり
・アーモンド
・油　など

ミネストローネ

材料（ざいりょう）は…
・マカロニ　・トマト缶（かん）
・ベーコン　・玉ねぎ
・にんじん　・油　　など

日本で生産されたもの

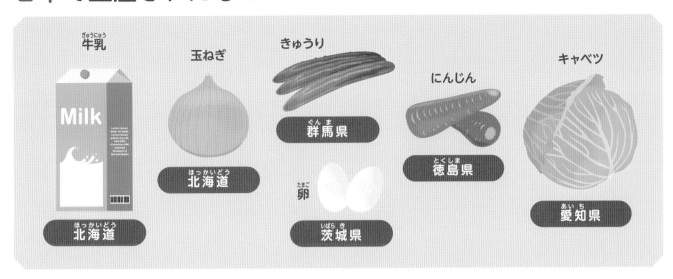

牛乳
北海道

玉ねぎ
北海道

きゅうり
群馬県

卵
茨城県

にんじん
徳島県

キャベツ
愛知県

外国で生産されたもの

タラ
ニュージーランド

小麦
（パン、パン粉、
マカロニなど）
オーストラリア、アメリカ

ぶた肉
（ベーコン）
デンマーク

油
アメリカ

アーモンド
アメリカ

トマト缶
イタリア

パイナップル
フィリピン

ごはんはほとんどが国産

　給食の主食としてパンが出ることがありますが、パンの原材料となる小麦は、日本ではあまり生産量が多くありません。そのため、大半を外国からの輸入にたよっています。

　いっぽうで、日本では米づくりがさかんなため、給食に使われるごはんは、ほとんどが国産です。また、おかずには、日本でも生産量が多い野菜類がたくさん使われています。

遠い国でつくられた食材も使われているね！

日本の食料自給率を見てみよう

　国内で食べられている食料のうち、自分の国でつくっている食べ物の割合を「食料自給率」といいます。食料自給率が低いほど、食べ物を輸入にたよっていることになります。

　2021年度の日本の食料自給率は38％でした。これは、ほかの先進国にくらべて低く、日本はたくさんの食べ物を輸入にたよっていることがわかります。

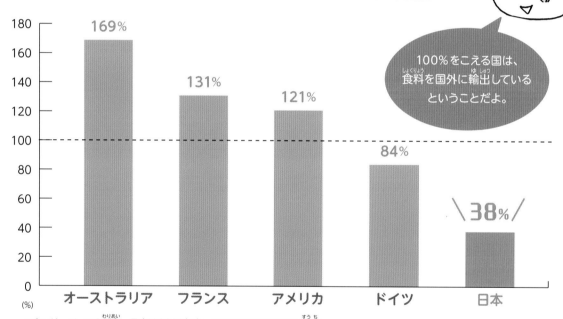

くらべてみよう！ 世界の国の食料自給率

100％をこえる国は、食料を国外に輸出しているということだよ。

	オーストラリア	フランス	アメリカ	ドイツ	日本
(%)	169%	131%	121%	84%	38%

※カロリーベースの割合。日本は2021年度、ほかの国は2019年の数値。

出典／農林水産省「食料需給表」、FAO"Food Balance Sheets"を基に農林水産省で試算。

ほかの国とくらべると、日本の食料自給率はすごく低いんだね！

低下する食料自給率

　食料自給率の出し方には、さまざまな方法があります。38％という食料自給率は、ひとりが1日に食べる食品のカロリー※をもとに計算されています。1965（昭和40）年度の日本の食料自給率は73％でしたが、食の洋風化が進んだことなどから、しだいに下がっていきました。

※カロリー…体が脳や内臓を動かしたり、運動したりするのに必要なエネルギーのよび方。

輸入が多いとこまることがあるの？

世界の人口がふえ続けたら……

世界の人口はふえ続けています。地球上には2022年の時点で約80億人がくらしていますが、2030年には85億人になるといわれています。人口がふえると、地球全体で食料が不足し、日本に食料が入ってこなくなるかもしれません（→20ページ）。

輸入先の国で戦争が起こったら……

日本が食料を輸入している国で戦争が起こると、港が閉鎖されたり、生産量がへったりして、食料を輸入できなくなることがあります。

気候変動が進んだら……

気候変動によって、現在も世界のあちこちで干ばつや強大な台風が発生しています。こうした気象災害が起こると、農作物の収穫量は大きくへってしまいます。輸入先の国で収穫量が落ちこむと、日本への輸出が制限されることがあります。

家畜の伝染病が発生したら……

狂牛病、口蹄疫といった家畜の伝染病が発生すると、日本国内での病気の感染をふせぐため、その伝染病が発生した国から肉を輸入できなくなります。

食料を外国からの輸入にたよっていると、輸入先の国で何か問題が起こったときに、食料が日本に入ってこなくなる可能性があります。どんなときも食べ物が行きわたるようにするためには、国内の食料自給率を上げていくことが大切です。

いろいろな事情で食べ物が輸入できなくなることもあるんだね。

給食には国産が
いっぱい！

日本はたくさんの食料を外国からの輸入にたよっていますが、学校の給食では、国産の食材が使われることが多くなっています。

材料費の割合で見ると、使われている食材のうち約90％が日本で生産されたものです。その中でも、とくに同じ都道府県内でとれた食材「地場産物」がたくさん使われています。

給食の食材の産地の割合

11%
外国産

33%
国産
（その他の
地域の食材）

56%
国産
（地元の食材）

国産は
全部で
89%！

出典／2021年度文部科学省調べ（金額ベースで算出）

生産している人や食材に
興味をもってもらいたいので、
できるだけ地元でとれたものを
給食に使っているよ。
生産地が近いと、新鮮なまま
食べられるのもよいところだね。

給食の食料自給率は、どうして高いの？

米を食べる機会をふやした

1970年代まで、給食の主食はほとんど毎日パンでした。パンの原料の小麦は大半が輸入品のため、自給率は低くなり、国産の米があまるという問題がありました。その後、少しずつごはんが給食に取り入れられ、現在は全国平均で週3.5回、ごはんが食べられています。

また、米を細かくくだいた米粉からつくったパンやめんを給食に取り入れ、さらに食料自給率を上げることに取り組む学校もあります。

米粉を使ったパンはもちもちとしていて、めんはコシがある。

生産者に協力してもらう

給食に使う食材は、一度にたくさんの量が必要です。大きな畑をもつ農家が少ない都市部では、複数の農家がグループとなって給食用の野菜をつくり、学校に提供しているところもあります。かぎられた給食費の中で、新鮮な食材を使うためには、生産者の協力が欠かせません。

給食に地元の食材を使うことは、その土地の農業を守り、ささえることにもつながります。

地元の食材を使った献立を開発する

給食では、その地域の特産品を生かした献立を多く取り入れています。

苦手な子が多い野菜は人気の献立の中に入れて食べやすくしたり、食べてみたいと思えるような名前をつけたりします。新しい献立を開発するために、生産者からアドバイスをもらうこともあります。

←泉だこカレー
大阪府泉大津市の特産品であるタコを使ったカレー。

らっきょうサラダ→
鳥取県の特産品であるらっきょうをきざんでドレッシングに使ったサラダ。

写真提供／全国学校給食甲子園事務局

世界の給食のはじまりは？

今はゆたかなアメリカやヨーロッパも、昔はおなかをすかせた子がたくさんいて、それを助けるために給食がはじまったんだって。

■ ドイツ

1790年にミュンヘンという都市で、とある貴族（身分が高く権力をもつ人）がまずしい家庭の子もたちを町の食堂に集めてスープを出したことが、世界の学校給食のはじまりであるともいわれます。

第二次世界大戦によって、ドイツは東西に分かれました。東ドイツでは給食制度が整っていましたが、西ドイツでは給食が広まらず、子どもたちは家に帰ってから昼食を食べていました。1990年にドイツはふたたびひとつになり、現在では、希望する子が給食を利用できるようになっています。

■ ■ フランス

1849年にパリで、まずしい家庭の子どもたちに無料で給食を提供したのが、フランスでの給食のはじまりといわれています。その後、まずしい家庭の子ども以外にも給食が出されるようになり、フランス全土に給食が広まっていきました。

現在では、給食を利用するかどうかを1日ごとに選べるようになっています。給食を利用しない子どもたちは、お昼休みにいったん家に帰り、昼食を食べてから学校にもどってきます。給食費は、家庭の収入などによってことなります。

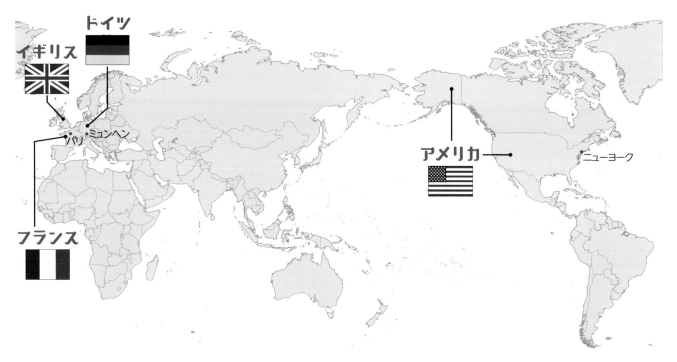

ドイツ

イギリス

パリ・ミュンヘン

フランス

アメリカ

ニューヨーク

日本でも、おなかをすかせた子どもたちのためにはじまった

日本の学校給食のはじまりは、1889（明治22）年。山形県の私立忠愛小学校で、家がまずしく弁当を持ってこられない子たちに、おにぎりなどの昼食が無料で配られました（→1巻24〜26ページ）。日本でも、世界の国々と同じように、おなかをすかせた子どもたちのために給食がはじまったのです。

ここがSDGs!

現在も、給食がなく、子どもたちが毎日おなかをすかせている国は、たくさんあります。世界中の子どもたちが給食を食べて健康に学べるように、国際団体などが支援活動をおこなっています（→12,13,18ページ）。

🇬🇧 イギリス

1870年に義務教育がはじまりましたが、まずしくて満足に食べられないため学校に通えない子どもが多く、その対策として、学校給食がはじまりました。しかし、学校によって食事の内容には差があり、まずしい家庭の子どもたちが通う学校の給食は、栄養が十分ではありませんでした。1944年に法律が改正され、バランスのよい食事が多くの子どもたちに提供されるようになりました。

現在は、給食を食べるか弁当を持ってくるかを自分で選べるようになっています。

🇺🇸 アメリカ

1904年にニューヨークで小学生の身体検査をおこなったところ、栄養不足でやせ細った子どもが多いことがわかりました。ニューヨーク市の教育長は、子どもたちの栄養状態を改善するために、学校給食をはじめました。食堂でいくつかの種類の献立の中から子どもたちが選んで食べられるようにし、栄養士が食べ物の選び方などを指導しました。

現在は、給食を食べるか弁当を持ってくるかを自分で選べます。給食費は、家庭の収入によって安くなったり無料になったりします。

アメリカの給食は今も、「カフェテリア」とよばれる食堂で、好きな献立を選んで食べる形式だよ。

飢えに苦しむ人と世界の給食

世界の飢えと学校給食

この地図は、ハンガーマップです。ハンガーマップとは、世界の飢え（飢餓）の状況を表した地図で、赤い色がこいほど栄養不足の人が多い国です。

その国の人口に対する栄養不足の人の割合

2.5%未満	2.5〜4.9%
5〜14.9%	15〜24.9%
25〜34.9%	35%以上
データなし	

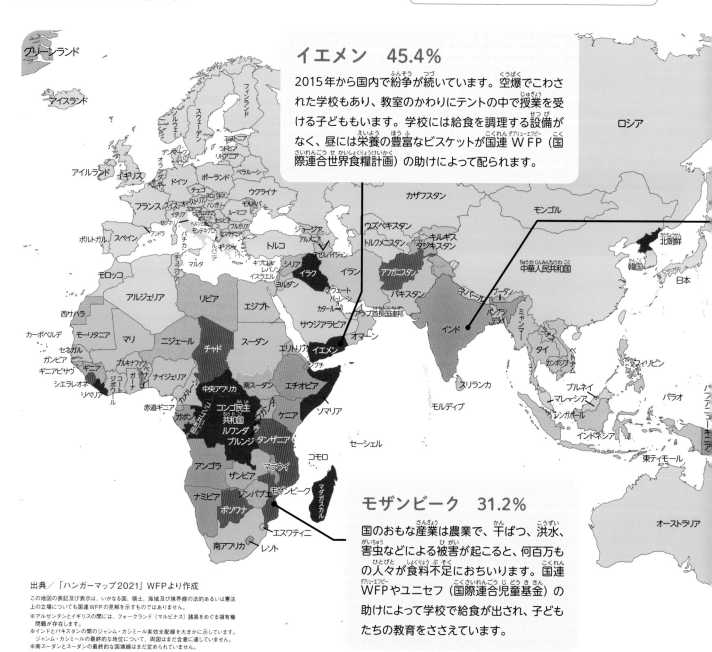

イエメン　45.4%

2015年から国内で紛争が続いています。空爆でこわされた学校もあり、教室のかわりにテントの中で授業を受ける子どももいます。学校には給食を調理する設備がなく、昼には栄養の豊富なビスケットが国連WFP（国際連合世界食糧計画）の助けによって配られます。

モザンビーク　31.2%

国のおもな産業は農業で、干ばつ、洪水、害虫などによる被害が起こると、何百万もの人々が食料不足におちいります。国連WFPやユニセフ（国際連合児童基金）の助けによって学校で給食が出され、子どもたちの教育をささえています。

出典／「ハンガーマップ2021」WFPより作成

この地図の表記及び表示は、いかなる国、領土、海域及び境界線の法的あるいは憲法上の立場についても国連WFPの見解を示すものではありません。

※アルゼンチンとイギリスの間には、フォークランド（マルビナス）諸島をめぐる領有権問題が存在します。

※インドとパキスタンの間のジャンム・カシミール実効支配線を大まかに示しています。ジャンム・カシミールの最終的な地位について、両国はまだ合意に達していません。

※南スーダンとスーダンの最終的な国境線はまだ定められていません。

今、世界では食べ物を満足に食べることができず、栄養不足になっている人が約8億人いるといわれています。国がまずしい、干ばつや台風などの影響で作物の収穫量がへった、戦争・紛争が続いているなど、さまざまな原因で食べ物が手に入りにくくなっているのです。

こうした国では、家の仕事を手伝うために学校に行くことができない子や、学校に行っても、おなかがすいて勉強に集中できない子がたくさんいます。学校で給食が出ると、まずしくても、学校に行って栄養をとることができます。給食は、親が子どもを学校に通わせる強いきっかけにもなり、より多くの子が学校に行き、勉強に力を入れることができるようになります。

ここがSDGs!

国によって状況はちがいますが、多くの国や国際団体が、飢えや栄養不足を改善するために、努力を続けています。学校給食への支援もそのひとつです。国連WFPは、過去60年間で100か国以上の国に支援をおこない、そのうち44か国が、自国で独自に学校給食をおこなえるようになりました。

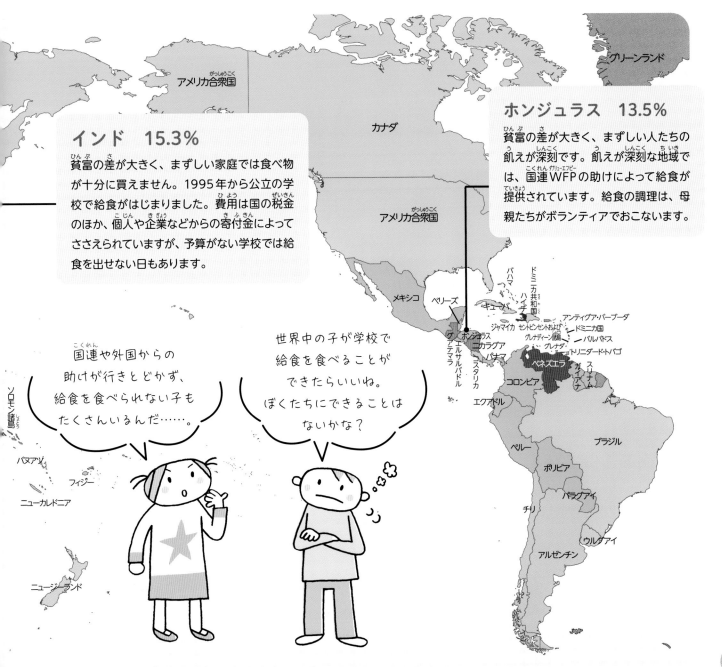

インド 15.3%

貧富の差が大きく、まずしい家庭では食べ物が十分に買えません。1995年から公立の学校で給食がはじまりました。費用は国の税金のほか、個人や企業などからの寄付金によってささえられていますが、予算がない学校では給食を出せない日もあります。

ホンジュラス 13.5%

貧富の差が大きく、まずしい人たちの飢えが深刻です。飢えが深刻な地域では、国連WFPの助けによって給食が提供されています。給食の調理は、母親たちがボランティアでおこないます。

国連や外国からの助けが行きとどかず、給食を食べられない子もたくさんいるんだ……。

世界中の子が学校で給食を食べることができたらいいね。ぼくたちにできることはないかな？

どこの国の給食？

Q1

写真提供／渋谷敦志（JICA）

おかずは豆の煮こみ。
主食はとうもろこしの粉を練った
「シマ」という食べ物で、
おもちのような食感だよ。
ほとんど毎日同じ
メニューなんだ。

ヒント

アフリカには、
「シマ」を主食にする
国がいくつか
あるよ。

Q2

写真提供／Alamy／PPS通信社

サラダ、ステーキ、
スクランブルエッグ、パン、デザートの
献立です。給食の時間をふくめて
昼休みが2時間くらいあって、
ゆっくりと時間をかけて
給食を食べられます。

ヒント

このパンは、日本で
何とよばれて
いるかな？

世界の給食には、それぞれの国の食文化がよく表れています。主食やよく食べられているおかず、また、食器にもちがいがあります。写真の給食はどこの国のものか、考えてみましょう。

Q3

メインは肉料理が多いです。それに、パンやポテト、果物がつきます。飲み物は、牛乳のほか、ジュースやココアなどから選べます。野菜もちゃんと食べるようにいわれています。

ヒント
ポテトやナゲットはファストフードでもよく見かけるね。

Q4

ヒント
赤い漬物は、キムチだね。

ごはんが主食で、具がたっぷりの汁物と副菜があるよ。金属製の食器にもられ、同じく金属のはしとスプーンを使って食べるよ。

世界の太りすぎを知ろう

20億人が太りすぎ！

肥満（太りすぎ）を表す数値であるBMIが25以上の人が、人口にしめる割合を表した地図。WHO（世界保健機関）の基準ではBMI30以上が肥満、BMI25以上30未満は過体重ですが、ここでは日本の基準に合わせてBMI25以上を肥満として表しています。

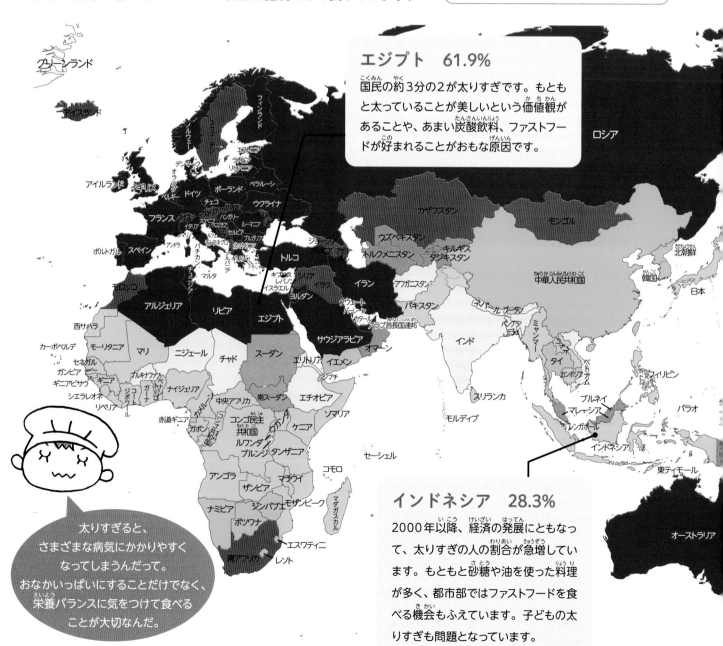

その国の人口に対する肥満の人の割合

- 20％未満
- 20〜29.9％
- 30〜39.9％
- 40〜49.9％
- 50〜59.9％
- 60〜69.9％
- 70％以上
- データなし

エジプト　61.9％

国民の約3分の2が太りすぎです。もともと太っていることが美しいという価値観があることや、あまい炭酸飲料、ファストフードが好まれることがおもな原因です。

インドネシア　28.3％

2000年以降、経済の発展にともなって、太りすぎの人の割合が急増しています。もともと砂糖や油を使った料理が多く、都市部ではファストフードを食べる機会もふえています。子どもの太りすぎも問題となっています。

太りすぎると、さまざまな病気にかかりやすくなってしまうんだって。おなかいっぱいにすることだけでなく、栄養バランスに気をつけて食べることが大切なんだ。

飢え（飢餓）に苦しむ人がいるいっぽうで、世界には太りすぎ（肥満）の人が20億人いるといわれています。先進国ばかりでなく、南太平洋の島国や、コスタリカやチリなどの中央・南アメリカの国など、経済的にゆたかとはいえない国々にも、太りすぎの人が多くいます。太りすぎと飢えの両方が、同時に問題となっている国も少なくありません。

じつは、肥満には貧困（まずしさ）が大きくかかわっています。お金がない人は、安くて満腹になる食べ物を選びがちです。糖質や油の多い加工食品を食べて、太りすぎてしまうのです。また、栄養についての知識がとぼしいことも、太りすぎてしまう原因となります。

ここがSDGs！

太りすぎの人をへらすには、教育も重要です。先進国や国際団体、企業などが協力して、途上国での栄養教育に取り組んでいます。学校や保健所で、栄養バランスのとれた食事の大切さや食事のとり方について教えるほか、栄養についての知識をもった栄養士を育てる支援もおこなわれています。

アメリカ　70.2%

ゆたかな人は健康に気をつけ、野菜や魚の多い食事をとっています。しかしいっぽうで、低価格でカロリーの高い加工食品やファストフードを食べ、太りすぎてしまう人も多くいます。国民の3分の2以上が太りすぎです。

トンガ　75.6%

南太平洋の島国、トンガの主食はカロリーの高いいも類で、肉や糖質、油の多い加工食品を食べる機会も多いようです。世界でもっとも太りすぎの人の割合が多い国のひとつです。

世界で高まる和食の人気

日本は世界の中でも太りすぎの人がそれほど多くなく、平均寿命も長い国です。そのひみつは、栄養バランスのとれた和食（→3巻30ページ）にあるといわれています。和食は健康的な食事として海外から注目されており、世界中に和食の店があります。

出典／「Prevalence of overweight among adults, BMI >= 25 (crude estimate) (%)」WHO 2016より作成
この地図の表記及び表示は、いかなる国、領土、地域及び境界線の法的あるいは憲法上の立場についてもWHOの見解を示すものではありません。地図上の点線と破線はおおよその境界線を表しており、まだ完全に合意していない可能性があります。

17

飢えをすくい 太りすぎをふせぐ給食

始業時間が早いカンボジアでは国連WFPの助けによって、学校で朝食用の給食を食べることができる。

©WFP/Arete/Nick Sells

学校給食はおなかをすかせた子どもたちを助け、世界中のたくさんの子どもたちの成長をささえています。

国連WFP（国際連合世界食糧計画）がおこなっている学校給食プログラムでは、昼食だけでなく朝食を提供することもあります。また、持ち帰り用の食料を配布し、子どもたちだけでなくその家族をささえることもあります。

栄養のある食事をとることで、子どもたちは体がじょうぶになり、勉強やスポーツなどで力を発揮することができます。

給食が未来をひらく

家族のための、持ち帰り用の食料もあります。食料を持ち帰ることで家計が助かり、生活がよくなるだけでなく、親が積極的に子どもを学校に通わせるようになり、学力が身につきます。

給食を食べておなかが満たされると、勉強に集中できます。しっかり学んで学力をつければ、おとなになってから、より収入の多い仕事につけることにもつながります。

給食があると家計が助かるため、女性の地位が低い地域でも、女の子が学校に通いやすくなります。給食を食べて体がじょうぶになれば、将来、健康な子どもを産んだり、仕事で活躍したりすることもできます。

世界でも栄養の授業を！

日本では、小学校で栄養について学ぶことが当たり前ですが、世界ではちがいます。JICA（国際協力機構）では、支援の必要な国に給食をとどけるだけでなく、学校で栄養についての授業をして、栄養をバランスよくとることの大切さを伝えています。また、アメリカなど先進国でも栄養の授業をおこない、太りすぎをふせごうという取り組みがはじまっています。

＼ こんなに変わった！ アメリカの給食 ／

アメリカでは、1990年代に給食でハンバーガーなどのファストフードが取り入れられ、カロリーが高い献立でした。国民の太りすぎが問題となったことから、2010年に「ヘルシー法」という法律がつくられ、学校給食で野菜や果物を取り入れること、食塩や脂肪分をそれ以前よりおさえることが求められるようになりました。

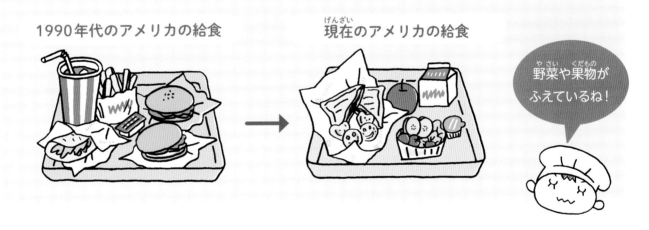

1990年代のアメリカの給食 　　現在のアメリカの給食

野菜や果物が
ふえているね！

日本も給食がなくなったら太りすぎがふえる？

新型コロナウイルス感染症の流行で、学校に通えなくなった2020年度の調査では、前の年にくらべて太りすぎの子どもの割合がふえました。学校に行くことができない間、運動不足になったことに加えて、給食がなくなり、栄養バランスがくずれてしまったことも、原因のひとつではないかと考えられています。

● 太りすぎの子どもの割合のうつり変わり

（グラフ）
縦軸：（%）6〜12
横軸：2015 2016 2017 2018 2019 2020（年度）
線：10歳、11歳、9歳、8歳

出典／「2020年度学校保健統計調査」（文部科学省）より作成

どうしたら飢えを なくせるの？

もしも今、地球上で生産されている食べ物が、すべての人に平等に分配されれば、飢える人はいなくなるといわれています。しかし、実際に多くの人が飢えているのは、ゆたかな国に食べ物がかたよっているためです。

地球上で生産できる食べ物の量には、かぎりがあります。世界の人口は急速にふえ続けていて、現在の約80億人から、2050年には97億人に達するといわれています。このままでは、将来もっとたくさんの人が飢えるかもしれません。これからどうしたらよいか、考えてみましょう。

ここがSDGs!

世界には、食べ物にこまっている人がいるいっぽうで、すてられてしまう食べ物がたくさんあります。そこで、まだ食べられるのにさまざまな理由ですてられてしまう食品を集めて、必要とする人たちの手にとどける「フードバンク」という活動が、世界中の国々でおこなわれています。日本にも、多くのフードバンクの活動団体があります。

> すごい勢いで世界の人口がふえているけれど、食料が満たされている国にはかたよりがあるんだね。

●世界の人口のうつり変わり

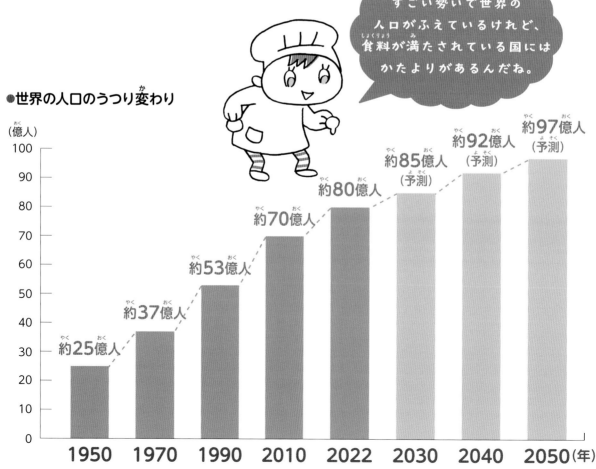

年	人口
1950	約25億人
1970	約37億人
1990	約53億人
2010	約70億人
2022	約80億人
2030	約85億人（予測）
2040	約92億人（予測）
2050	約97億人（予測）

出典／「World Population Prospects 2022」UN

地球上の食べ物の量にはかぎりがあるにもかかわらず、世界中で、まだ食べられる食べ物が、「食べきれない」「傷がついた」などの理由でたくさんすてられています。このことを「食品ロス」といいます。

食品ロスは世界的な問題です。世界でむだになっている食料は、1年間で約13億トンといわれています。この4分の1を食料不足の地域にまわせば、世界中の人々が十分な栄養をとることができ、飢える人がいなくなる計算です。地球上から飢えをなくすためには、まず食品ロスをへらしていくことが大切です。

ここがSDGs!

食品ロスは、まずしい国々からも出ています。農業の技術や設備が不十分なため、生産した食料がいたんでしまいやすく、出荷する前にすてることが多いのです。

国連WFPなどの国際団体は、途上国に技術を伝えたり設備を整えたりすることで、食品ロスをへらす取り組みをおこなっています。

日本で1年間に発生している食品ロス（2020年度）

調理のときに、食べられる部分まで取りのぞいてしまった

傷がついているからすてちゃおう

消費期限や賞味期限がすぎちゃった…

きらい、量が多いから残しちゃおう

522万トン

ひとり1日あたり 113g

毎日茶わん1ぱい分をすてているのと同じ

日本の食品ロスの量は、飢えに苦しむ人のために送られた食料よりも多い！

そんなに多いの!? むだをへらして分け合えば、飢えが少なくなるんじゃないかな……。

522万トン 日本の1年間の食品ロス（2020年度）

＞

420万トン 国連WFP（国際連合世界食糧計画）による食料支援量（2020年）

食品ロスを
みんなでへらそう!

食品ロスは、飢えの原因のひとつとなっているだけでなく、ほかにもさまざまな問題を引き起こしています。自分には関係がないと思わずに、給食や家のごはんを残さず食べるなど、一人ひとりが食品ロスをなくすように努力することが大切です。

ここがSDGs!

食品ロスをへらすことは、二酸化炭素の排出量をへらし、地球温暖化による気候変動をおさえることにつながります。日本では、さまざまな取り組みによって、年々食品ロスがへってきています。2012〜2020年度の8年間で、120万トンへりました。

食品ロスによって、こんな問題も起こる

地球温暖化が進む

食品をごみにしてしまうと、それをもやして処分をするときに二酸化炭素を出すことになります。また、ごみをうめ立てるときにも、メタンという気体が発生します。これらの温室効果ガスによって、地球温暖化が進んでしまいます（→26ページ）。

水も土地もむだになる

農作物や家畜を育てるには、水や土地などの資源がたくさん必要です。食べ物をすてることは、生産に使われた資源をむだにすることにつながります。世界の農地の30％近くが、すてられてしまう食料を生産するために使われているという報告もあります。

お金がむだになる

食べられる食品をすててしまうと、それを買ったお金をむだにしていることになります。

さらに、ごみとなった食べ物を処分するためにもお金がかかります。ごみの処理には、税金が使われます。

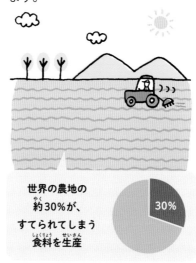

世界の農地の約30％が、すてられてしまう食料を生産

30%

日本の給食からも
食品ロスが出ている！

　日本では、給食から1年間にひとりあたり7.1kgの食べ残しが出ています。毎日つくられる給食の7％が食べ残しになっている計算です。食べ残す理由としてもっとも多いのは、きらいな食べものがあるというものです。そのほか、量が多かったり、食べる時間が短かったりするために食べ残す人もいます。

給食の食べ残しをへらすためにできることはないか、考えてみよう。

食欲がないときは、給食当番に量を少なくしてもらうようにしようかな。

みんなで協力して、準備や片づけを短時間でできれば、食べる時間が長くなるよね。

給食の食品ロスをへらす
アメリカの取り組み

　アメリカでは食品ロスの中でもとくに、給食の食べ残しが多いことが問題となり、さまざまな対策をとりはじめました。

●シェアテーブル
給食に出た食べ物のうち、苦手なものがある子は、食べはじめる前にテーブルにもどし、それを食べたい子がとれるしくみ。

●食事時間をのばす
時間内に食べきれない子が多いため、給食の時間を20分から30分にのばす。

●食事の保管
食べきれなかった食事は学校の冷蔵庫に保管して、放課後に食べられるようにする。

「SHARE」とは英語で「分け合う」という意味です。

給食の食品ロスを なくす取り組み

　日本にも、給食での食品ロスをなくすため、すでに取り組みをはじめているところがあります。
どんな取り組みをしているのか、見てみましょう。

北海道札幌市 ## フードリサイクルプロジェクト

　北海道札幌市では、2006年から「さっぽろ学校給食フードリサイクル」に取り組んでいます。食べ残しなど給食で出た生ごみを肥料に変え、その肥料（フードリサイクル肥料）を使って育てた野菜をまた給食に出すという、フードリサイクルの取り組みです。

　学校では、給食の前にフードリサイクルについて学習したり、授業でフードリサイクル肥料を使った野菜の栽培を体験したりして、食品ロスをへらすことや食の大切さを学びます。子どもたちが学んだり体験したりしたことを家族に伝えることで、家庭や地域にも、食べ物をむだにしないという意識が広がっています。

食べ物もリサイクル
できるんだね！

給食の
生ごみを回収

発酵させて
肥料をつくる

生ごみは、地域
にある施設に運
ばれ、良質な肥
料になります。

肥料を使って
野菜を栽培

育てた野菜を
給食に出す

フードリサイクルでつくられた野菜のおいしさを味わい、食べ物を大切にすることを学びます。

レタスを使った「みだくさんスープ」。

フードリサイクル肥料を使って育てられ、みずみずしく成長したレタス。

写真提供／札幌市（北海道）

食品ロス削減でSDGsに貢献

葉隠勇進は、全国の学校や給食センターで、給食の調理を引き受けている会社です。学校給食の調理やもりつけのくふうを通して、食品ロスや食べ残しをへらすSDGsに取り組んでいます。

たとえば、野菜の下処理では、切り方のくふうや専用の道具を使うことで、ごみをへらしています。すてるところを少なくすると、栄養をより多くとれるようにもなります。

また、食べ残しが多い野菜の煮物は、材料をハートの形に型ぬきするなどして、みんなの苦手意識を改善し、食べ残しをへらすことに成功しました。

> みんなの学校ではどんな取り組みをしているかな？調べてみよう！

下処理のくふうでごみをへらす！

トマト

へたを取るときに、じゃがいもの芽を取る道具を使う。

◀ じゃがいもの芽を取る道具

すてる部分がこんなに小さくなる！

ブロッコリー

しんをすてずに、かたい部分だけをのぞいて、スープやサラダに入れる。

ブロッコリーのしんを使ったサラダ。

切り方のくふうで食べ残しをへらす！

じゃがいもをハートの形にして煮物に入れる。型ぬきした残りは、小さくきざんで使う。

写真提供／葉隠勇進株式会社

クラスでチャレンジ！
食べ残しゼロへ

給食で食べ残しが出てしまった料理を取り上げて、残してしまった理由と、その料理の「よいところ」をクラスで話し合ってみましょう。残した理由を上回る「よいところ」が見つかれば、食べてみたいという気持ちになって、食品ロスをへらせるかもしれませんね。

たとえばこの料理なら……

アジの南蛮づけ
アジのからあげを、野菜といっしょに甘酢につけた料理。

残した理由は？
・魚より肉がよかった。
・骨があると、食べにくいなぁ。
・すっぱい味つけが苦手かも……。

↓

いいところさがし
・魚には、頭がよくなる成分が入っている！
・からあげだから骨も食べられるし、カルシウムもいっぱい！
・酢はつかれを取ってくれる！

タブレットなどで調べてみよう！

地球温暖化には給食も関係している!

地球は、太陽の熱によって温められ、その熱をほどよく保つことで、住みやすい気温になっています。その熱を保つ役割をしているのが、「温室効果ガス」です。しかし今、人間の活動によって、温室効果ガスがふえすぎて、地球に熱がこもってしまっています。これが、地球温暖化です。じつは給食も、地球温暖化の原因のひとつになっています。

地球温暖化のしくみ

地球は、太陽から受けた熱の一部を宇宙に放出し、残りをふたたび吸収しています。温室効果ガスが熱の放出をじゃますると、熱の吸収がふえてしまい、地球の気温がどんどん上がってしまいます。

温室効果ガスには、二酸化炭素やメタンガスなどの種類があり、その量は人間の活動によってふえ続けています。

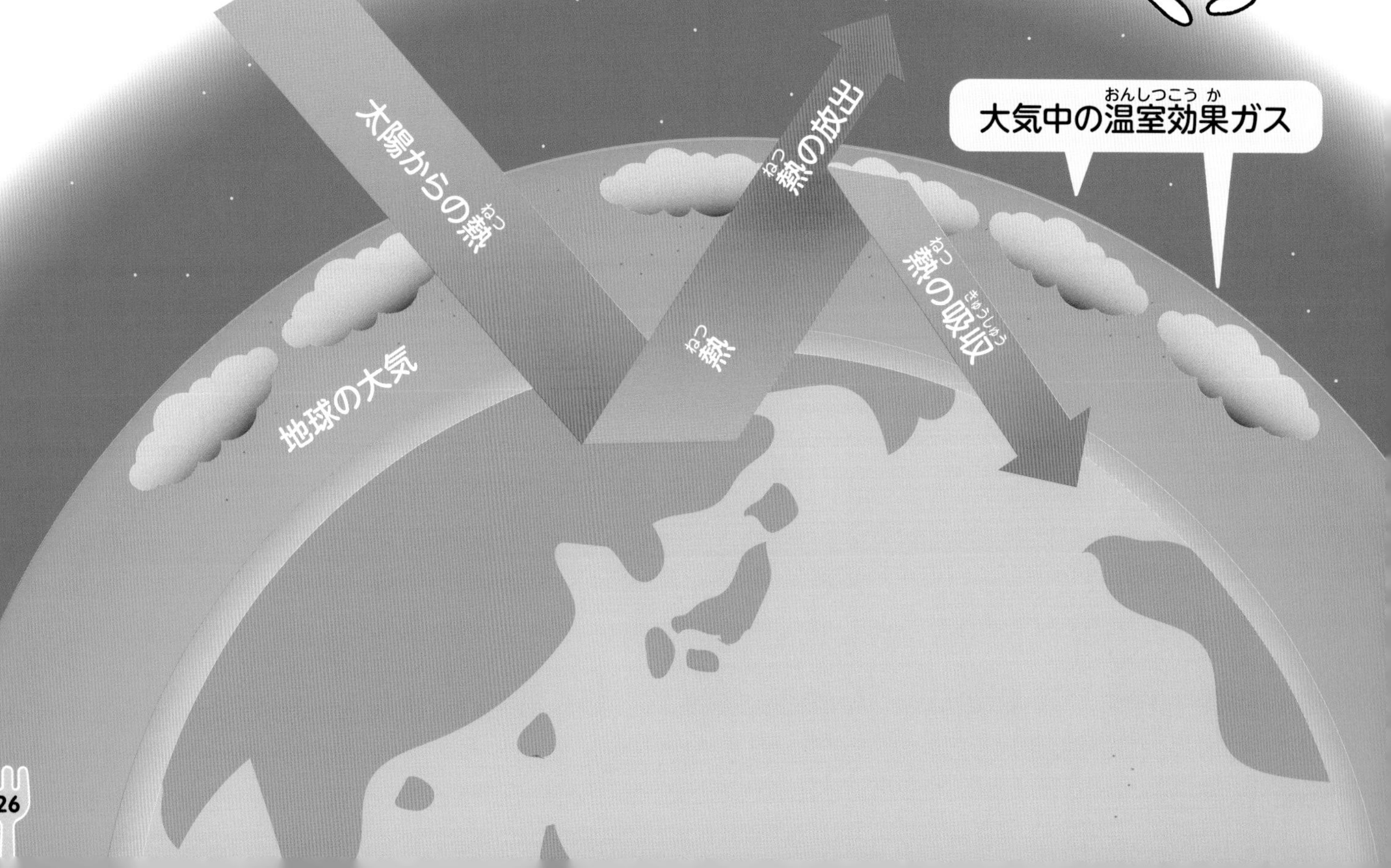

温室のように
地球に熱がこもって
しまうんだね。

太陽からの熱

熱の放出

大気中の温室効果ガス

熱の吸収

地球の大気

熱

このままだとどうなる？

2100年の気温

　今のまま地球温暖化が進んでしまうと、2100年には、最大5.7℃も1年の平均気温が上がってしまうことが予測されています。また、対策をしたとしても、気温は1.3〜2.4℃上がる予測です。気温が上がると、豪雨や強大な台風といった異常気象の増加、水不足、農作物の不作など、さまざまな影響が出ると考えられます。

※1850〜1900年を基準とした2100年までの世界の平均気温の変化と予測（工業化前からの気温上昇）

出典／IPCC第6次評価報告書より全国地球温暖化防止活動推進センター作成資料を基に作成

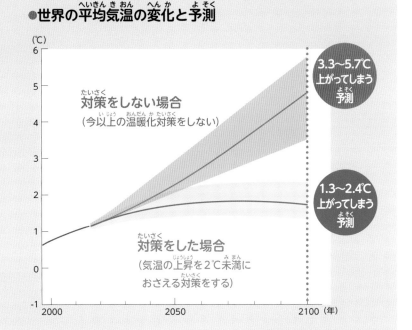

●世界の平均気温の変化と予測

（℃）

対策をしない場合
（今以上の温暖化対策をしない）

対策をした場合
（気温の上昇を2℃未満に
おさえる対策をする）

3.3〜5.7℃
上がってしまう
予測

1.3〜2.4℃
上がってしまう
予測

給食も地球温暖化の原因になっている！

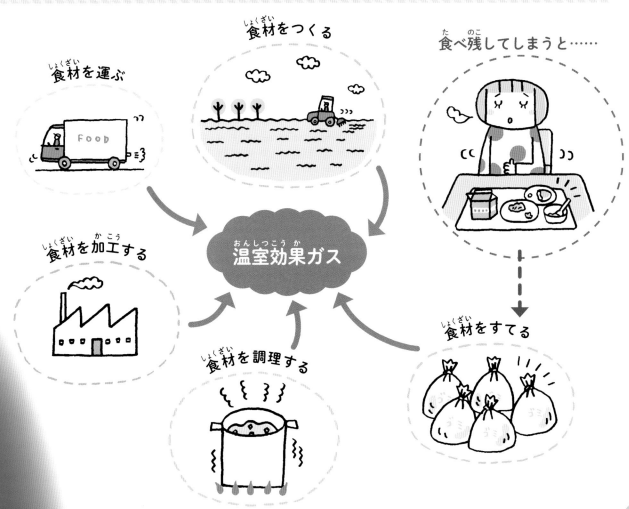

食材を運ぶ

食材をつくる

食べ残してしまうと……

食材を加工する

温室効果ガス

食材を調理する

食材をすてる

地球温暖化で食料づくりはこうなる

地球温暖化が進むと、ある場所には雨がふりすぎたり、ある場所には雨がふらなすぎたりして、農業に大きな影響が出るといわれています。また農業だけでなく、漁業にも影響があります。海では、海流の流路が変化してしまうことで、魚がとれる場所や量が変化することなどが考えられます。どんな影響があるのか、見てみましょう。

地球温暖化が進むと、こまることがたくさんあるね。

まだ熟していないりんごが、台風で落ちて出荷できなくなる。農家は収入がなくなってこまってしまう。

台風の被害がふえる

海水温が上がると、より強い台風がふえます。すると、木に実った果実が落ちる、稲がたおれるなどの被害が出ます。また、洪水が起こって農地が水びたしになったり、土砂くずれでうまったりして問題です。

農業や畜産業ができなくなる

もともと乾燥している地域では、さらに雨がふらなくなってしまいます。水がなければ、農業や畜産業もできません。雨がふらず、仕事を失い、住んでいた場所をはなれて避難生活をしなくてはならない人が、世界にはたくさんいます。

米の質が悪くなる

地球の気温が高くなると、米つぶが白くにごったり、形が悪くなったり、割れやすくなったりしてしまいます。すると、ふつうの値段では売れなくなり、農家はこまってしまいます。対策として、高温に強い米の開発が進んでいます。

ヨーロッパで起こった干ばつでは、穀物の生産量が大きくへってしまった。

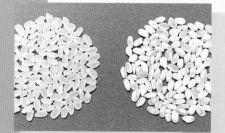

左がふつうの米、右が高温が続いたときの米。高温が続くと、白くにごった米が多くなってしまい、味が悪くなる。

地球温暖化で地域の特産品に変化!?

近年、日本の漁獲量がへっている原因のひとつとして、海の温暖化が考えられています。日本近海では、過去30年の平均とくらべて4℃も海面水温が上がっている場所もあります。その影響で、魚たちがすみかを変えている可能性があり、各地で影響が見られています。

魚だけでなく、農作物も地球温暖化の影響を受けています。たとえば、気温が上がったことで、これまでよりも北でつくれるようになった果物があります。北海道富良野市では、山形県を代表するさくらんぼの高級品種「佐藤錦」が育つようになりました。そのいっぽうで、夏の猛暑によって生育不良などの問題が起こり、これまでの特産品がつくりにくくなっている地域もあります。

●10年前とくらべた2020年の漁獲量の変化

温かい海に多いブリやタチウオ、イワシ類が北のほうの海でふえ、もともと冷たい海に多いサンマやサケは、日本近海であまりとれなくなるなど、変化が起こっています。

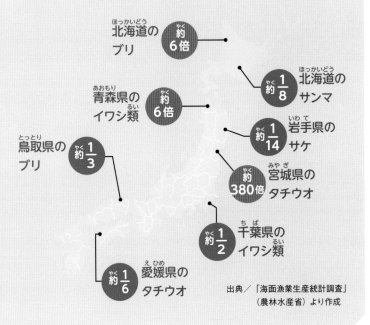

北海道のブリ 約6倍
北海道のサンマ 約1/8
青森県のイワシ類 約6倍
岩手県のサケ 約1/14
鳥取県のブリ 約1/3
宮城県のタチウオ 約380倍
千葉県のイワシ類 約1/2
愛媛県のタチウオ 約1/6

出典／「海面漁業生産統計調査」（農林水産省）より作成

とれる魚の種類が変わる

海水温が上がると、すむ魚も変化します。今まで見かけなかったような温かい海を好む魚がすむようになったり、今までとれていた魚がより寒いところへ移動してとれなくなったりします。

水産業に被害が出る

水にとける酸素の量は、温度が上がるほど少なくなるため、水温が上がると、海が酸素不足になります。また、表面付近と深海の水温の差が大きくなり、まざりにくくなって、酸素や栄養がかたよってしまいます。場所によっては生き物がすみにくくなり、水産業への被害が出ることが心配されています。

農作物の収穫量がへる

気温が高くなると、米、小麦、とうもろこし、大豆などの生育が悪くなり、収穫量がへってしまいます。とうもろこしや大豆は、家畜のえさにも多く使われているため、畜産業にも影響があります。

家畜が弱る

暑さのために、家畜も熱中症で弱ったり死んでしまったりすることがあります。また、暑さのストレスから、えさを食べなくなったり、子どもを産まなくなったり、乳をつくる量がへったりしてしまいます。

暑さで昼寝をする子牛。体が小さい子牛などは、気温の変化の影響を受けやすい。

給食で地球温暖化をふせごう！

給食にかかわる温室効果ガスをへらそう！

食材が給食になるまでのさまざまな段階で、温室効果ガスが出ています。地球温暖化をふせぐためには、給食を食べるときだけでなく、つくる段階から、温室効果ガスをへらしていかなければならないのです。つくる人、食べる人、給食にかかわるみんなが、少しずつ協力することが大事です。

どんな場面で温室効果ガスが出るのか、どうすればへらせるのか、意見を出し合ってみよう！

肉の場合

家畜のえさをつくる

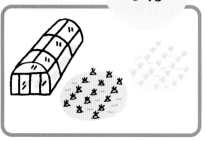

● 肥料やえさは、必要な分だけつくる。
● えさをつくるときに肥料を使いすぎない。

運ぶ

● なるべく運ぶ距離を短くする。

家畜を育てる

● 牛のげっぷは温室効果ガスをふくむので、げっぷをへらすようなえさにする。
● 肉として必要な分だけ育てる。

運ぶ

肉に加工する

● 必要な分だけ加工する。あまると保管するのにもエネルギーを使う。

運ぶ

調理して食べる

● 料理の加熱時間を長くしすぎず、エネルギーをむだにしない。
● 食べるときは残さず食べる。

解決する取り組みの例を見てみよう！

「カーボン・オフセット給食」って何？

温室効果ガスを出してしまった分、温室効果ガスをへらす活動に協力するなどして、温室効果ガスの排出量を足し引きゼロにするという考え方を「カーボン・オフセット」といいます。

愛知県名古屋市では、学校の給食に北海道北見市の玉ねぎを使っています。玉ねぎの栽培や輸送のときには、多くの二酸化炭素が出ます。名古屋市は、輸送時に出る二酸化炭素の量におうじて、北海道の森林整備に役立ててもらうためのお金をしはらい、温室効果ガスをへらす取り組みに協力しています。給食を通してカーボン・オフセットをおこなっているのです。

ここがSDGs！

木は、光合成によって大気中の二酸化炭素を吸収し、酸素を出します。木を植えるなどして森を守ることは、大気中の二酸化炭素をへらすことになるのです。

北海道では、森林を整備することで二酸化炭素の吸収量をふやす取り組みをおこなっています。「カーボン・オフセット給食」で、名古屋市が玉ねぎを買うときにしはらっているお金は、この取り組みに使われます。

北海道北見市

玉ねぎを栽培するとき

玉ねぎを輸送するとき

二酸化炭素を出す

栽培するときも、肥料や農薬をへらして、二酸化炭素が出る量をへらしているよ！

給食を食べて、地球温暖化をふせぐ協力ができるなんてすごい！

森が吸収

愛知県名古屋市

森を整備するためのお金をしはらい、地球温暖化をふせぐ取り組みに協力。

未来の給食を想像してみよう

外国から食料を輸入できなくなった場合

献立

- さつまいも2本
- じゃがいもの粉ふきいも
- 野菜炒め2皿分

小麦は多くを輸入にたよっているので、パンはほとんど出なくなるでしょう。米の自給率は高いですが、輸入した食品なしでは、ごはんを中心とした献立で必要なエネルギーや栄養素をとることがむずかしく、いもが中心の献立になると考えられます。

いもばかりで肉や卵がないね。どうしてかな？

牛乳は？
牛のえさを輸入できないので、牛乳を生産できなくなる。

卵は？
にわとりのえさを輸入できないので、卵も手に入りづらくなる。

肉は？
牛、ぶた、にわとりを育てるためのえさを輸入できなくなると、肉が手に入りづらくなる。

魚介類は？
半分近くが輸入品なので、食べられる種類がへる。

日本の食料自給率が低いままで、外国からの輸入ができなくなったら、
わたしたちが食べられるものの種類はとても少なくなります。
給食の献立は、どうなるでしょうか。

世界的に食料が足りなくなった場合

世界の人口がふえ続ける中で、食品ロスや地球温暖化といった問題をこのまま放っておくと、世界的に食料が足りなくなる可能性もあります。たんぱく質などの栄養を効率よくおぎなうために、昆虫を食料とする時代が来るかもしれません。

献立

- イナゴごはん
- セミのからあげ
- 野菜炒め
- コオロギコーヒー

この献立だと、栄養が満たせる。

伝統食として
イナゴを食べる地域
もあるよね！

昆虫食は、エコフードとして注目されている！

牛やぶた、にわとりなどの家畜は、育てるために多くのえさや水を必要としたり、温室効果ガスがたくさん出てしまったりと、環境に大きな影響をあたえます。その点、昆虫の場合は、育てるときに環境への負担が少なく、たんぱく質やミネラルなどの栄養も豊富。未来の食料として、そして宇宙食としても、注目を集めています。

食べ物がわたしたちの体をつくっている！

食べ物には、人間が活動するためのエネルギーを生み出すとともに、体をつくるという重要な役割があります。毎日の食事は、健康に生きていくために欠かせないものです。食べることは、未来の自分をつくることだといえるでしょう。

給食は、育ちざかりの体に必要な栄養がバランスよくとれるように、献立が考えられています。また、日本や各地域の伝統食も取り入れられていて、食文化を学ぶことができます。すこやかな体と心を育むために、給食が役立っているのです。

小学生のとき

家の食事だけでなく給食でも栄養をとり、すこやかな体と心を育てながら、食文化も学びます。

小さいとき

母乳やミルクを飲んだり、離乳食を食べたりして大きくなります。

おなかの中

お母さんから栄養をもらって成長します。

60歳のとき

年をとっても健康でいるためには、それまで積み重ねてきた食生活が大事です。

30歳のとき

健康な子どもを産み育てるためにも、親は栄養バランスのとれた食事を心がけることが大事です。

20歳のとき

健康な体は、元気に学んだり、働いたりするための土台になります。

食べることで自分の未来の体をつくっているんだ！

食べることが、
自分の未来と地球の環境に影響する！

　食べることは、健康な体をつくるという意味で、自分の未来に深く関係しています。おとなになって、子どもを産み育てていくことになれば、自分だけでなく、次の世代にも影響をあたえることになるでしょう。さらに、年をとってからも健康でいられれば、活躍の場も広がり、また、医療にかかるお金もへるので、社会全体をゆたかにすることにつながるかもしれません。

　食べることと地球の環境にも、深い関係があります。たとえば、食べ残しなどで食品ロスがふえると、地球温暖化につながります。食料を生産するために使われた水やエネルギーなどの資源も、むだになってしまいます。

　地球の環境を考えて、食べ物を選んだり、残さずに食べたりすることが、未来の食を守ることにつながっていきます。

さがしてみよう！
給食でできるSDGs

地球の環境や未来の食を守るためには、みんなでSDGsに取り組むことが大切です。みんなが毎日食べている給食を通してできることも、たくさんあります。日本の学校で実際におこなわれている取り組みを、いくつか紹介します。

給食は、日本全国のほぼすべての小学校で出されているものです。一つひとつは小さなことに思えるかもしれませんが、多くの学校で取り組めば、大きな力になります。みんなの学校では、どんなことに取り組んでいるでしょうか。

節水する

ここがSDGs！

6 安全な水とトイレを世界中に　　12 つくる責任 つかう責任

日本は水のゆたかな国ですが、水もかぎりある資源です。給食の食器は、つけおき洗いで節水しています。また、水道に節水できる器具を取りつけたり、節水型の洗米機を使ったりしている給食センターもあります。

フェアトレードの商品を選ぶ

※2020年撮影

「白身魚のごまだれかけ」に、フェアトレードのごまを使った給食。日本全国には、町ぐるみでフェアトレードに取り組む「フェアトレードタウン」が、熊本県熊本市、静岡県浜松市など6都市あり、フェアトレードの輪を広げています。　　写真提供／逗子市（神奈川県）

ここがSDGs！

1 貧困をなくそう　　8 働きがいも経済成長も

フェアトレードは、公正な値段で物を輸入することで、途上国のくらしをゆたかにし、環境を考えた生産ができるようにする取り組みです。給食にフェアトレードの材料を選んで使っている学校もあります。

食器もリサイクル

家でも取り入れていることがあるか、おうちの人に聞いてみよう！

12 つくる責任 つかう責任

ここがSDGs！

強化磁器という割れにくい食器を給食に使う学校がふえています。安全性が高く、傷がついても焼き直せば新品同様に再生利用でき、こわれた食器をリサイクルすることもできるからです。

食品ロスを肥料に

給食から出る生ごみを肥料にできるコンポスト。

12 つくる責任 つかう責任　**13** 気候変動に 具体的な対策を

ここがSDGs！

学校給食から出た調理くずや食べ残しは、微生物の働きを利用して肥料にすることができます。その肥料を使って育てた作物を給食の材料として取り入れるという取り組みが、各地でおこなわれています。

写真提供／横浜国立大学教育学部附属鎌倉小学校（神奈川県）

肉を食べない日をつくる

大豆ミートを加え、肉をへらしてつくったミートソーススパゲッティの給食。大豆ミートは、肉のような食感をもつ大豆製品で、給食にも取り入れられはじめています。

写真提供／上野原市（山梨県）

13 気候変動に 具体的な対策を　**15** 陸の豊かさも 守ろう

ここがSDGs！

家畜を育てるには、大量の水、えさ、土地が必要です。また、牛のげっぷには温室効果ガスが多くふくまれています。世界では、環境を守るために、肉を食べない日をつくる運動がおこなわれています。給食で肉の量をへらすなどして、環境問題に取り組む学校もあります。

みんなでやろう！SDGs
地球のために
未来の給食のために

　給食や食べることだけでなく、ふだんの一つひとつの行動が、未来の食を守り、おいしくて栄養満点の給食を食べ続けられることにつながっていきます。

　地球の環境や世界の未来を変えるというと、とても大きなことのように感じます。しかし、世界中の人たちみんなが、身近なところから取り組むことで、少しずつ変えていくことができるのです。一人ひとりが日々のくらしの中のささいなことに心をくばり、また、地元のことをよく知って大切にすることが、未来の給食や地球を守ることにつながります。

まずは自分の地元に目を向けて、学校のみんなや地域の人たちといっしょに何ができるか考えてみよう。2巻や3巻では、給食につながる各地でおこなわれている取り組みの例をたくさん紹介しているよ！

ふだんの行動が、未来の食を守る！

みんなでやろう！

たとえばこんなこと！

よけいな電気を使わない

わたしたちは、ふだんの生活で、多くの電気を使っています。電気の多くは、石油や天然ガスなどの資源からつくられています。電気をこまめに消す、着るものを調節してエアコンの使用をひかえるなど、節電を心がけましょう。

地元の産業や文化を大切にする

地元のものを地元で消費する「地産地消」は、輸送のエネルギーを節約できて環境にやさしく、地域の活性化にもつながります。地域の伝統的な産業や文化を通して、地元の経済が活発になれば、住みやすい町づくりにも役立つでしょう。

リサイクルやリユースをする

地球の資源にはかぎりがあります。大量にものを買って、使わなくなったらすぐすてるというくらしを続けていれば、資源はすぐに不足してしまいます。むだなく使うことはもちろん、リサイクル（再生利用）やリユース（再使用）をして、ものを長く大切に使いましょう。

プラスチック製品をへらす

レジ袋や容器、ストローなど、わたしたちの身近にあふれるプラスチック製品。それらは、やがてごみになり、海に流れ着いて、環境を汚染してしまいます。プラスチック製品を使わないことが、海の環境を守ることにつながります。

自然に関心をもち、影響を考える

地球の環境を守ることは、SDGsのすべての目標の土台です。地球上には、多様な生物が、おたがいに影響をあたえ合ってくらしています。身近な自然に関心をもち、自分の行動が、環境にどんな影響をあたえるかを考えることが大切です。

いっしょに取り組む仲間をつくる

SDGsをなしとげるためには、世界中の人々が協力し合う「パートナーシップ」が重要です。国や企業、市民団体などの大きなまとまりだけでなく、地域、学校、そしてわたしたち一人ひとりに、できることがあります。ささいなことでも、仲間をつくってみんなで取り組めば、小さな力が集まって、大きな力になるはずです。

いっしょにやっていこう！

監修 中西 明美（なかにし あけみ）

女子栄養大学 栄養学部 准教授

栄養士、管理栄養士、栄養教諭。広島女子大学卒業後、広島市内の小学校で学校栄養職員として勤務。その後、女子栄養大学大学院博士課程を終了し、2012年より現職。小中学校での食育や、自治体での学校給食メニューの開発などにも取り組む。共著として、『女子栄養大学のバランスのよい食事法』（女子栄養大学出版部）などがある。

監　　　修	中西明美
装丁・本文デザイン	フレーズ（岩瀬恭子、田中 麦）
イラスト	もり谷ゆみ、角 愼作
企画・編集	頼本順子、渡部のり子（小峰書店）
編集協力	WILL（戸辺千裕、清水理絵）
Ｄ Ｔ Ｐ	WILL（小林真美）
校　　　正	村井みちよ
写真協力	〈表紙の給食〉アメリカの給食イメージ 全国の小学校・自治体・企業・団体等（写真そばに記載）、photolibrary、PIXTA、Shutterstock.com
参考資料	『食育基本法・食育推進基本計画等』『農林水産物輸出入情報』「食料自給力指標の各パターンにおける食事メニュー例」（農林水産省）、『貿易統計』（財務省）、『青い地球の物語』（全国地球温暖化防止活動推進センター）、「地球温暖化と農林水産業」HP（農研機構 農業環境変動研究センター）、『給食の歴史』藤原辰史（岩波書店）ほか

国連SDGs HP（https://www.un.org/sustainabledevelopment/）

The content of this publication has not been approved by the United Nations and does not reflect the views of the United Nations or its officials or Member States.

たのしい給食！ いちばん身近なSDGs

❹給食で守ろう！ みんなの未来

2023年4月6日　第1刷発行

発　行　者　小峰広一郎
発　行　所　株式会社 小峰書店
　　　　　　〒162-0066　東京都新宿区市谷台町4-15
　　　　　　TEL　03-3357-3521
　　　　　　FAX　03-3357-1027
　　　　　　https://www.komineshoten.co.jp/
印刷・製本　図書印刷株式会社

オリジナル給食を考えよう！

住んでいる地域（ちいき）でつくられる食材（しょくざい）を調べたり、給食で解決（かいけつ）できそうな
SDGs（エスディージーズ）の問題を調べたりして、オリジナル給食を考えてみましょう。

右のシートをコピーして、使ってください。

おうちの人と
実際（じっさい）につくって
食べてみてもいいね！

記入例（れい）

オリジナル給食シート

4 年 2 組	名前	小野 かん太

タイトル \\SDGsを考えよう//
地球を元気にしたい給食

→ みんなの目にとまるような
タイトルを考えてみよう！

おすすめポイント
食材や調理方法をくふうして、地球のため
になる給食にしました。

→ なにに注目してつくった献立（こんだて）なのか、
わかるといいね！

どんな給食？（イラストや献立名など）

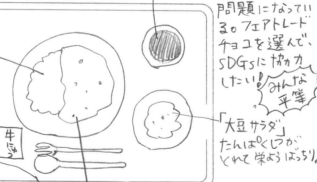

「フェアトレードチョコプリン」
チョコレートの原料のカカオ農園で子ども
が働いていたり、安くゆ入したりするのが
問題になってい
る。フェアトレード
チョコを選んで、
SDGsに協力
したい！みんな
平等

「もちろん国産！
おいしいごはん」
地元の米をたいた
ごはん。地産地消
で、食料自給りつ
を上げます。

「大豆サラダ」
たんぱくしつが
とれて栄ようばっちり

カレーは油ひかえめで
つくるので、おかわりして
も太りにくい！

「具が小さい！カレー」具を小さく切ると 火が
早く通るので、ガスのむだづかいがふせげます。

→ どんな料理（りょうり）なのか、
説明（せつめい）があると、わか
りやすいよ！

献立（こんだて）をつくってみた感想
みんなが大好きなカレーは、いつ
もよりたくさんつくってくれているそうです。具もたっぷ
りなので調理にガスを多く使うんじゃないかと心配
です。少しでもガスのせつやくになるように、この
こん立を考えました。

→ どんなことを思った
か、これからどんな
ことをしてみたいか
を書いてね。